Read and Learn Book 2: French Comprehension for Kids

Coledown Bilingual Books

Published by Coledown Bilingual Books, 2023.

While every precaution has been taken in the preparation of this book, the publisher assumes no responsibility for errors or omissions, or for damages resulting from the use of the information contained herein.

READ AND LEARN BOOK 2: FRENCH COMPREHENSION FOR KIDS

First edition. November 27, 2023.

ISBN: 979-8223625728

Written by Coledown Bilingual Books.

Table of Contents

La Belle Seine

La Seine est une rivière magnifique qui traverse la belle ville de Paris. Elle est célèbre pour ses ponts romantiques et ses bateaux charmants. Les gens aiment se promener le long de ses rives et profiter de la vue sur les monuments célèbres tels que la Tour Eiffel et Notre-Dame. Les péniches flottantes ajoutent une touche spéciale à cette rivière, créant une atmosphère unique. Les artistes viennent souvent pour dessiner ses eaux calmes et ses ponts élégants. La Seine est vraiment le cœur de Paris, apportant une beauté tranquille à la ville des lumières.

Questions de compréhension:

1. Qu'est-ce que traverse la Seine?

2. Pourquoi la Seine est-elle célèbre?

3. Quels monuments peut-on voir depuis les rives de la Seine?

4. Que font les gens le long de la Seine?

5. Qu'est-ce qui flotte sur la Seine et ajoute une touche spéciale?

6. Quelle atmosphère la Seine crée-t-elle à Paris?

7. Pourquoi les artistes aiment-ils venir près de la Seine?

8. Qu'est-ce que la Seine apporte à la ville des lumières?

9. Comment est la Seine décrite dans le texte ?

10. Qu'est-ce que la Seine représente pour Paris ?

Réponses suggérées:

1. La Seine traverse la ville de Paris.

2. La Seine est célèbre pour ses ponts romantiques et ses bateaux charmants.

3. On peut voir la Tour Eiffel et Notre-Dame depuis les rives de la Seine.

4. Les gens aiment se promener le long de ses rives.

5. Les péniches flottantes ajoutent une touche spéciale à la Seine.

6. La Seine crée une atmosphère unique à Paris.

7. Les artistes aiment venir près de la Seine pour dessiner ses eaux calmes et ses ponts élégants.

8. La Seine apporte une beauté tranquille à la ville des lumières.

9. La Seine est décrite comme une rivière magnifique.

10. La Seine représente le cœur de Paris.

The Beautiful Seine

The Seine is a magnificent river that flows through the beautiful city of Paris. It is famous for its romantic bridges and charming boats. People love to stroll along its banks and enjoy the view of famous landmarks such as the Eiffel Tower and Notre-Dame. Floating barges add a special touch to this river, creating a unique atmosphere. Artists often come to sketch its calm waters and elegant bridges. The Seine is truly the heart of Paris, bringing a tranquil beauty to the City of Lights.

Comprehension Questions:

1. What does the Seine flow through?

2. Why is the Seine famous?

3. What landmarks can be seen from the banks of the Seine?

4. What do people do along the Seine?

5. What floats on the Seine and adds a special touch?

6. What atmosphere does the Seine create in Paris?

7. Why do artists like to come near the Seine?

8. What does the Seine bring to the City of Lights?

9. How is the Seine described in the text?

10. What does the Seine represent for Paris?

____

Suggested Answers:

1. The Seine flows through the city of Paris.

2. The Seine is famous for its romantic bridges and charming boats.

3. Landmarks such as the Eiffel Tower and Notre-Dame can be seen from the banks of the Seine.

4. People love to stroll along its banks.

5. Floating barges add a special touch to the Seine.

6. The Seine creates a unique atmosphere in Paris.

7. Artists like to come near the Seine to sketch its calm waters and elegant bridges.

8. The Seine brings a tranquil beauty to the City of Lights.

9. The Seine is described as a magnificent river.

10. The Seine represents the heart of Paris.

Napoléon Bonaparte, Le Grand Empereur

Napoléon Bonaparte était un homme très important dans l'histoire de la France. Il était un grand empereur qui a vécu il y a longtemps. Napoléon aimait beaucoup son pays et voulait le rendre fort. Il a mené son armée à de nombreuses batailles et a remporté beaucoup de victoires. Certains disent qu'il était un stratège brillant. Napoléon a même construit de grandes routes appelées "routes napoléoniennes" pour connecter différentes parties de la France. Malheureusement, malgré toutes ses réalisations, il y a eu aussi des moments difficiles, et à la fin, Napoléon a été capturé et envoyé sur une île lointaine. Mais même aujourd'hui, les gens se souviennent de lui comme d'un personnage important de l'histoire de la France.

Questions de compréhension:

1. Qui était Napoléon Bonaparte?

2. Pourquoi Napoléon était-il important pour la France?

3. Qu'aime-t-il faire pour son pays?

4. Qu'est-ce que Napoléon a remporté lors de ses batailles?

5. Comment appelle-t-on les routes construites par Napoléon?

6. Qu'est-il arrivé à Napoléon à la fin de son histoire?

7. Pourquoi les gens se souviennent-ils de Napoléon aujourd'hui?

8. Quelle était la spécialité de Napoléon selon certains?

9. Où Napoléon a-t-il été envoyé à la fin?

10. Comment peut-on décrire Napoléon Bonaparte?

———————————

Réponses suggérées:

1. Napoléon Bonaparte était un grand empereur français.

2. Napoléon était important pour la France parce qu'il voulait rendre son pays fort.

3. Il aimait mener son armée à des batailles.

4. Napoléon a remporté de nombreuses victoires lors de ses batailles.

5. Les routes construites par Napoléon sont appelées "routes napoléoniennes".

6. À la fin de son histoire, Napoléon a été capturé et envoyé sur une île lointaine.

7. Les gens se souviennent de Napoléon aujourd'hui parce qu'il était un personnage important de l'histoire de la France.

8. Certains disent que Napoléon était un stratège brillant.

9. Napoléon a été envoyé sur une île lointaine à la fin de son histoire.

10. On peut décrire Napoléon Bonaparte comme un grand empereur français.

Napoleon Bonaparte, The Great Emperor

Napoleon Bonaparte was a very important figure in the history of France. He was a great emperor who lived a long time ago. Napoleon loved his country a lot and wanted to make it strong. He led his army in many battles and won many victories. Some say he was a brilliant strategist. Napoleon even built large roads called "Napoleonic roads" to connect different parts of France. Unfortunately, despite all his achievements, there were also difficult times, and in the end, Napoleon was captured and sent to a distant island. But even today, people remember him as an important character in the history of France.

Comprehension Questions:

1. Who was Napoleon Bonaparte?

2. Why was Napoleon important for France?

3. What did he like to do for his country?

4. What did Napoleon win in his battles?

5. What are the roads built by Napoleon called?

6. What happened to Napoleon at the end of his story?

7. Why do people remember Napoleon today?

8. What was Napoleon's specialty according to some?

9. Where was Napoleon sent in the end?

10. How can Napoleon Bonaparte be described?

Suggested Answers:

1. Napoleon Bonaparte was a great French emperor.

2. Napoleon was important for France because he wanted to make his country strong.

3. He liked leading his army in battles.

4. Napoleon won many victories in his battles.

5. The roads built by Napoleon are called "Napoleonic roads."

6. At the end of his story, Napoleon was captured and sent to a distant island.

7. People remember Napoleon today because he was an important character in the history of France.

8. Some say that Napoleon was a brilliant strategist.

9. Napoleon was sent to a distant island at the end.

10. Napoleon Bonaparte can be described as a great French emperor.

Une Journée au Zoo

———

Enfant: Maman, papa, est-ce qu'on peut aller au zoo ce week-end?

Maman: Ah, quelle excellente idée! Bien sûr, mon chéri. Pourquoi veux-tu aller au zoo?

Enfant: Parce que j'adore les animaux! Je veux voir les lions, les singes, et peut-être même les pingouins.

Papa: D'accord, ça semble amusant! On peut aussi apporter un pique-nique.

Maman: Super idée! Alors, ce sera une journée au zoo en famille.

Enfant: Oui, yes! Merci, maman et papa!

———

Questions de compréhension:

1. Qui veut aller au zoo?

2. Pourquoi l'enfant veut-il aller au zoo?

3. Quels animaux l'enfant veut-il voir?

4. Que suggère le papa d'apporter?

5. Quelle est la réponse de la maman à l'idée du pique-nique?

6. Quelle sera l'activité de la journée selon la maman?

7. Pourquoi l'enfant est-il excité à la fin du dialogue?

8. Où la famille va-t-elle passer la journée?

9. Quelle est la réaction du papa à l'idée d'aller au zoo?

10. Comment l'enfant remercie-t-il ses parents à la fin?

Réponses suggérées:

1. L'enfant veut aller au zoo.

2. L'enfant veut aller au zoo parce qu'il adore les animaux.

3. L'enfant veut voir les lions, les singes, et peut-être même les pingouins.

4. Le papa suggère d'apporter un pique-nique.

5. La maman trouve que c'est une super idée.

6. Selon la maman, ce sera une journée au zoo en famille.

7. L'enfant est excité à la fin parce que ses parents ont accepté d'aller au zoo.

8. La famille va passer la journée au zoo.

9. Le papa trouve que c'est une idée amusante.

10. L'enfant remercie ses parents en disant "Oui, yes! Merci, maman et papa!"

A Day at the Zoo

Child: Mom, Dad, can we go to the zoo this weekend?

Mom: Oh, what an excellent idea! Of course, sweetheart. Why do you want to go to the zoo?

Child: Because I love animals! I want to see the lions, the monkeys, and maybe even the penguins.

Dad: Alright, that sounds fun! We can also bring a picnic.

Mom: Great idea! So, it'll be a family day at the zoo.

Child: Yes, yes! Thank you, Mom and Dad!

Comprehension Questions:

1. Who wants to go to the zoo?

2. Why does the child want to go to the zoo?

3. What animals does the child want to see?

4. What does Dad suggest bringing?

5. What is Mom's response to the picnic idea?

6. According to Mom, what will be the activity for the day?

7. Why is the child excited at the end of the dialogue?

8. Where will the family spend the day?

9. What is Dad's reaction to the idea of going to the zoo?

10. How does the child thank their parents at the end?

———————————

Suggested Answers:

1. The child wants to go to the zoo.

2. The child wants to go to the zoo because they love animals.

3. The child wants to see lions, monkeys, and maybe even penguins.

4. Dad suggests bringing a picnic.

5. Mom thinks it's a great idea.

6. According to Mom, it will be a family day at the zoo.

7. The child is excited at the end because their parents agreed to go to the zoo.

8. The family will spend the day at the zoo.

9. Dad thinks it's a fun idea.

10. The child thanks their parents by saying, "Yes, yes! Thank you, Mom and Dad!"

Pâques en France

À Pâques en France, c'est une fête joyeuse! Les enfants cherchent les œufs de Pâques dans le jardin. On dit que les cloches volent à Rome pendant le Carême, puis elles reviennent pour Pâques en apportant des œufs en chocolat. Les familles se réunissent pour un délicieux repas de Pâques, souvent avec du gigot d'agneau et du chocolat. Certains endroits organisent même des défilés colorés pour célébrer cette fête printanière. Les enfants décorent des œufs avec des couleurs vives et participent à des jeux amusants. Pâques est un moment spécial pour partager de la joie et des délices en famille et entre amis.

Questions de compréhension:

1. Qu'est-ce que les enfants cherchent à Pâques en France?

2. Où les cloches vont-elles pendant le Carême?

3. Que ramènent les cloches de Rome à Pâques?

4. Quels plats peuvent être servis lors d'un repas de Pâques en France?

5. Quels sont les défilés colorés organisés à Pâques?

6. Comment les enfants décorent-ils les œufs à Pâques?

7. Quels jeux les enfants peuvent-ils jouer à Pâques?

8. Qu'est-ce que les familles font pendant Pâques en France ?

9. Pourquoi Pâques est-il considéré comme un moment spécial ?

10. Quelle est la tradition des cloches à Pâques en France ?

Réponses suggérées :

1. Les enfants cherchent les œufs de Pâques dans le jardin.

2. Pendant le Carême, les cloches volent à Rome.

3. Les cloches ramènent des œufs en chocolat de Rome à Pâques.

4. Lors d'un repas de Pâques en France, on peut servir du gigot d'agneau et du chocolat.

5. Certains endroits organisent des défilés colorés pour célébrer Pâques.

6. Les enfants décorent les œufs avec des couleurs vives.

7. Les enfants peuvent jouer à des jeux amusants à Pâques.

8. Pendant Pâques en France, les familles se réunissent pour un délicieux repas.

9. Pâques est considéré comme un moment spécial pour partager de la joie et des délices en famille et entre amis.

10. La tradition des cloches à Pâques en France est qu'elles volent à Rome pendant le Carême, puis reviennent en apportant des œufs en chocolat.

Easter in France

At Easter in France, it's a joyful celebration! Children search for Easter eggs in the garden. It is said that the bells fly to Rome during Lent, then they return for Easter bringing chocolate eggs. Families gather for a delicious Easter meal, often with lamb and chocolate. Some places even organize colorful parades to celebrate this spring festival. Children decorate eggs with bright colors and participate in fun games. Easter is a special time to share joy and delights with family and friends.

Comprehension Questions:

1. What do children search for at Easter in France?

2. Where do the bells go during Lent?

3. What do the bells bring back from Rome for Easter?

4. What dishes might be served during an Easter meal in France?

5. What colorful parades are organized at Easter?

6. How do children decorate eggs at Easter?

7. What games can children play at Easter?

8. What do families do during Easter in France?

9. Why is Easter considered a special time?

10. What is the tradition of the bells at Easter in France?

———————————

Suggested Answers:

1. Children search for Easter eggs in the garden.

2. During Lent, the bells fly to Rome.

3. The bells bring back chocolate eggs from Rome for Easter.

4. During an Easter meal in France, dishes like lamb and chocolate may be served.

5. Some places organize colorful parades to celebrate Easter.

6. Children decorate eggs with bright colors.

7. Children can play fun games at Easter.

8. During Easter in France, families gather for a delicious meal.

9. Easter is considered a special time to share joy and delights with family and friends.

10. The tradition of the bells at Easter in France is that they fly to Rome during Lent and return bringing chocolate eggs.

Le Lapin Maladroit

Il était une fois, dans la forêt enchantée, un petit lapin nommé Lulu. Lulu était très maladroit. Un jour, alors qu'il essayait de cueillir des carottes dans le jardin, il trébucha sur une pierre et fit tomber toutes les carottes dans la rivière. Il essaya de les récupérer, mais finit par se retrouver tout mouillé. Plus tard, en jouant à cache-cache avec ses amis, Lulu se cacha derrière un buisson, mais il éternua si fort qu'il se dévoila. Ses amis rirent joyeusement. Malgré ses maladresses, Lulu était un lapin très gentil et aimé de tous les animaux de la forêt.

Questions de compréhension:

1. Comment s'appelle le lapin dans l'histoire?

2. Pourquoi Lulu est-il maladroit?

3. Que faisait Lulu lorsqu'il a trébuché sur une pierre?

4. Où sont tombées les carottes de Lulu?

5. Pourquoi Lulu s'est-il retrouvé tout mouillé?

6. Que s'est-il passé quand Lulu jouait à cache-cache?

7. Comment Lulu s'est-il dévoilé en jouant à cache-cache?

8. Comment ont réagi les amis de Lulu en le voyant éternuer?

9. Comment est décrit le caractère de Lulu malgré ses maladresses?

10. Qui aime Lulu dans la forêt enchantée?

Réponses suggérées:

1. Le lapin s'appelle Lulu.

2. Lulu est maladroit parce qu'il trébuche souvent.

3. Lulu essayait de cueillir des carottes dans le jardin.

4. Les carottes de Lulu sont tombées dans la rivière.

5. Lulu s'est retrouvé tout mouillé en essayant de récupérer les carottes.

6. Quand Lulu jouait à cache-cache, il éternua fort.

7. Lulu s'est dévoilé en éternuant fort derrière le buisson.

8. Les amis de Lulu ont ri joyeusement en le voyant éternuer.

9. Malgré ses maladresses, Lulu est un lapin très gentil.

10. Tous les animaux de la forêt enchantée aiment Lulu.

The Clumsy Rabbit

Once upon a time, in the enchanted forest, there was a little rabbit named Lulu. Lulu was very clumsy. One day, as he tried to pick carrots in the garden, he stumbled over a stone and dropped all the carrots into the river. He tried to retrieve them but ended up getting all wet. Later, while playing hide-and-seek with his friends, Lulu hid behind a bush, but he sneezed so loudly that he revealed himself. His friends laughed joyfully. Despite his clumsiness, Lulu was a very kind rabbit and loved by all the animals in the forest.

Comprehension Questions:

1. What is the rabbit's name in the story?

2. Why is Lulu clumsy?

3. What was Lulu doing when he stumbled over a stone?

4. Where did Lulu's carrots fall?

5. Why did Lulu end up getting all wet?

6. What happened when Lulu was playing hide-and-seek?

7. How did Lulu reveal himself while playing hide-and-seek?

8. How did Lulu's friends react when they saw him sneeze?

9. How is Lulu's character described despite his clumsiness?

10. Who loves Lulu in the enchanted forest?

Suggested Answers:

1. The rabbit's name is Lulu.

2. Lulu is clumsy because he often stumbles.

3. Lulu was trying to pick carrots in the garden.

4. Lulu's carrots fell into the river.

5. Lulu ended up getting all wet trying to retrieve the carrots.

6. When playing hide-and-seek, Lulu sneezed loudly.

7. Lulu revealed himself by sneezing loudly behind the bush.

8. Lulu's friends laughed joyfully when they saw him sneeze.

9. Despite his clumsiness, Lulu is a very kind rabbit.

10. All the animals in the enchanted forest love Lulu.

Claude Monet, L'Artiste Coloré

Claude Monet était un artiste français très spécial. Il aimait peindre des paysages avec des couleurs vives. Un de ses endroits préférés était son propre jardin, où il peignait des nymphéas et des ponts japonais. Monet utilisait des couleurs qui faisaient penser au printemps et à l'été, comme le bleu ciel et le vert frais. Il aimait capturer la lumière du soleil dans ses tableaux. Les gens disent que ses peintures ressemblent à des rêves colorés. Monet a beaucoup travaillé et a créé de nombreuses œuvres d'art magnifiques qui sont célèbres dans le monde entier aujourd'hui.

Questions de compréhension:

1. Qui était Claude Monet?

2. Qu'est-ce que Claude Monet aimait peindre?

3. Où était l'un des endroits préférés de Monet pour peindre?

4. Quels éléments Monet peignait-il dans son jardin?

5. Quelles couleurs Monet utilisait-il dans ses peintures?

6. Quel type de lumière Monet aimait-il capturer dans ses tableaux?

7. Comment les gens décrivent-ils les peintures de Monet?

8. Que ressemblent les peintures de Monet selon les gens?

9. Combien d'œuvres d'art Monet a-t-il créées?

10. Pourquoi les œuvres d'art de Monet sont-elles célèbres dans le monde entier aujourd'hui?

Réponses suggérées:

1. Claude Monet était un artiste français.

2. Claude Monet aimait peindre des paysages.

3. L'un des endroits préférés de Monet pour peindre était son propre jardin.

4. Monet peignait des nymphéas et des ponts japonais dans son jardin.

5. Monet utilisait des couleurs comme le bleu ciel et le vert frais dans ses peintures.

6. Monet aimait capturer la lumière du soleil dans ses tableaux.

7. Les gens décrivent les peintures de Monet comme ressemblant à des rêves colorés.

8. Les peintures de Monet ressemblent à des rêves colorés selon les gens.

9. Monet a créé de nombreuses œuvres d'art.

10. Les œuvres d'art de Monet sont célèbres dans le monde entier aujourd'hui parce qu'elles sont magnifiques.

Claude Monet, The Colorful Artist

Claude Monet was a very special French artist. He loved painting landscapes with vibrant colors. One of his favorite places was his own garden, where he painted water lilies and Japanese bridges. Monet used colors that reminded people of spring and summer, like sky blue and fresh green. He enjoyed capturing the sunlight in his paintings. People say his paintings look like colorful dreams. Monet worked a lot and created many beautiful artworks that are famous worldwide today.

Comprehension Questions:

1. Who was Claude Monet?

2. What did Claude Monet love to paint?

3. Where was one of Monet's favorite places to paint?

4. What elements did Monet paint in his garden?

5. What colors did Monet use in his paintings?

6. What type of light did Monet like to capture in his paintings?

7. How do people describe Monet's paintings?

8. What do Monet's paintings look like, according to people?

9. How many artworks did Monet create?

10. Why are Monet's artworks famous worldwide today?

____

Suggested Answers:

1. Claude Monet was a French artist.

2. Claude Monet loved to paint landscapes.

3. One of Monet's favorite places to paint was his own garden.

4. Monet painted water lilies and Japanese bridges in his garden.

5. Monet used colors like sky blue and fresh green in his paintings.

6. Monet liked capturing the sunlight in his paintings.

7. People describe Monet's paintings as looking like colorful dreams.

8. Monet's paintings look like colorful dreams, according to people.

9. Monet created many artworks.

10. Monet's artworks are famous worldwide today because they are beautiful.

La Planète Mars, La Planète Rouge

La planète Mars est fascinante! Elle est appelée "La Planète Rouge" en raison de sa couleur. Mars est la quatrième planète du système solaire, après la Terre. Elle est plus petite que la Terre, mais elle a un paysage unique avec des montagnes et des vallées. Certains scientifiques pensent qu'il pourrait y avoir de l'eau sur Mars. Les robots spéciaux, appelés rovers, ont été envoyés sur Mars pour en apprendre davantage. Les étoiles brillent dans le ciel de Mars la nuit, et les scientifiques espèrent en apprendre plus sur cette mystérieuse planète rouge à l'avenir.

Questions de compréhension:

1. Comment s'appelle la planète que nous appelons "La Planète Rouge"?

2. Pourquoi Mars est-elle appelée "La Planète Rouge"?

3. Où se situe Mars dans le système solaire?

4. Mars est-elle plus grande ou plus petite que la Terre?

5. Quel est le paysage de Mars?

6. Qu'est-ce que certains scientifiques pensent qu'il pourrait y avoir sur Mars?

7. Quels sont les robots spéciaux envoyés sur Mars?

8. Qu'est-ce que les rovers font sur Mars?

9. Qu'est-ce qui brille dans le ciel de Mars la nuit?

10. Que veulent en savoir davantage les scientifiques sur Mars?

Réponses suggérées:

1. La planète que nous appelons "La Planète Rouge" est Mars.

2. Mars est appelée "La Planète Rouge" en raison de sa couleur.

3. Mars est la quatrième planète du système solaire.

4. Mars est plus petite que la Terre.

5. Le paysage de Mars comprend des montagnes et des vallées.

6. Certains scientifiques pensent qu'il pourrait y avoir de l'eau sur Mars.

7. Les robots spéciaux envoyés sur Mars s'appellent des rovers.

8. Les rovers sont envoyés sur Mars pour en apprendre davantage.

9. Les étoiles brillent dans le ciel de Mars la nuit.

10. Les scientifiques veulent en savoir davantage sur la mystérieuse planète rouge à l'avenir.

Planet Mars, The Red Planet

The planet Mars is fascinating! It is called "The Red Planet" because of its color. Mars is the fourth planet in the solar system, after Earth. It is smaller than Earth, but it has a unique landscape with mountains and valleys. Some scientists think there might be water on Mars. Special robots, called rovers, have been sent to Mars to learn more. Stars shine in Mars' night sky, and scientists hope to discover more about this mysterious red planet in the future.

Comprehension Questions:

1. What is the planet we call "The Red Planet"?

2. Why is Mars called "The Red Planet"?

3. Where is Mars located in the solar system?

4. Is Mars bigger or smaller than Earth?

5. What is the landscape of Mars?

6. What do some scientists think might be on Mars?

7. What are the special robots sent to Mars called?

8. What do the rovers do on Mars?

9. What shines in Mars' night sky?

10. What do scientists want to learn more about Mars?

____

Suggested Answers:

1. The planet we call "The Red Planet" is Mars.

2. Mars is called "The Red Planet" because of its color.

3. Mars is the fourth planet in the solar system.

4. Mars is smaller than Earth.

5. The landscape of Mars includes mountains and valleys.

6. Some scientists think there might be water on Mars.

7. The special robots sent to Mars are called rovers.

8. Rovers are sent to Mars to learn more.

9. Stars shine in Mars' night sky.

10. Scientists want to learn more about the mysterious red planet in the future.

La Routine Matinale de Magali

Je m'appelle Magali, et je vais vous raconter ma routine du matin et ma journée à l'école. Chaque matin, je me réveille à 7 heures. Ensuite, je me lève et je m'étire comme un chat. Après, je vais dans la cuisine pour prendre un bon petit déjeuner. J'adore les croissants et le jus d'orange! Après avoir mangé, je me brosse les dents et m'habille avec mon uniforme scolaire. À 8 heures, je quitte la maison pour aller à l'école. En classe, on apprend des mathématiques, du français, et même des sciences. Ma matière préférée, c'est l'art, parce que j'aime dessiner des fleurs et des étoiles. À la récréation, je joue avec mes amis dans la cour. La journée passe vite, et à 15 heures, c'est l'heure de rentrer à la maison. Je fais mes devoirs, je joue un peu, et après le dîner, je me prépare pour la nuit. Je me couche à 21 heures pour être en forme le lendemain!

Questions de compréhension:

1. Comment s'appelle la narratrice de l'histoire?

2. À quelle heure Magali se réveille-t-elle chaque matin?

3. Qu'est-ce que Magali fait après s'être réveillée?

4. Qu'est-ce que Magali aime pour le petit déjeuner?

5. Que fait Magali après avoir mangé son petit déjeuner?

6. Quelle est la matière préférée de Magali à l'école?

7. Pourquoi Magali aime-t-elle l'art?

8. Que fait Magali à la récréation?

9. À quelle heure Magali rentre-t-elle à la maison?

10. Quand Magali se couche-t-elle le soir?

Réponses suggérées:

1. La narratrice de l'histoire s'appelle Magali.

2. Magali se réveille à 7 heures chaque matin.

3. Après s'être réveillée, Magali se lève et s'étire.

4. Magali aime les croissants et le jus d'orange pour le petit déjeuner.

5. Après avoir mangé son petit déjeuner, Magali se brosse les dents et s'habille.

6. La matière préférée de Magali à l'école est l'art.

7. Magali aime l'art parce qu'elle aime dessiner des fleurs et des étoiles.

8. À la récréation, Magali joue avec ses amis dans la cour.

9. Magali rentre à la maison à 15 heures.

10. Magali se couche à 21 heures le soir.

Magali's Morning Routine

My name is Magali, and I'm going to tell you about my morning routine and my day at school. Every morning, I wake up at 7 o'clock. Then, I get up and stretch like a cat. After that, I go to the kitchen to have a good breakfast. I love croissants and orange juice! After eating, I brush my teeth and put on my school uniform. At 8 o'clock, I leave the house to go to school. In class, we learn math, French, and even science. My favorite subject is art because I love drawing flowers and stars. At recess, I play with my friends in the courtyard. The day goes by quickly, and at 3 o'clock, it's time to go home. I do my homework, play a bit, and after dinner, I get ready for bed. I go to sleep at 9 o'clock to be fresh for the next day!

Comprehension Questions:

1. What is the narrator's name in the story?

2. At what time does Magali wake up every morning?

3. What does Magali do after waking up?

4. What does Magali like for breakfast?

5. What does Magali do after eating breakfast?

6. What is Magali's favorite subject at school?

7. Why does Magali like art?

8. What does Magali do at recess?

9. At what time does Magali come home?

10. When does Magali go to bed at night?

Suggested Answers:

1. The narrator's name in the story is Magali.

2. Magali wakes up at 7 o'clock every morning.

3. After waking up, Magali gets up and stretches.

4. Magali likes croissants and orange juice for breakfast.

5. After eating breakfast, Magali brushes her teeth and puts on her school uniform.

6. Magali's favorite subject at school is art.

7. Magali likes art because she loves drawing flowers and stars.

8. At recess, Magali plays with her friends in the courtyard.

9. Magali comes home at 3 o'clock.

10. Magali goes to bed at 9 o'clock at night.

Découvrons le Québec

Le Québec est une province spéciale du Canada. C'est un endroit magnifique avec des villes animées, des montagnes majestueuses, et de vastes forêts. La langue principale parlée au Québec est le français, ce qui le rend unique au Canada. Les Québécois sont connus pour leur culture riche, leurs festivals colorés, et leur délicieuse cuisine. Poutine, une spécialité québécoise, est un plat délicieux fait avec des frites, du fromage, et de la sauce. Les hivers au Québec sont froids, mais cela signifie aussi qu'il y a beaucoup de neige, ce qui permet de faire du ski et de construire des bonshommes de neige. Les gens du Québec sont chaleureux et accueillants, et ils aiment célébrer leur histoire et leurs traditions.

Questions de compréhension:

1. Où se trouve le Québec?

2. Quelles sont quelques caractéristiques du Québec?

3. Quelle est la langue principale parlée au Québec?

4. Pourquoi le Québec est-il unique au Canada?

5. Que sont les Québécois connus pour avoir?

6. Quelle est la spécialité québécoise mentionnée dans le texte?

7. Comment est décrit le plat de poutine?

8. Qu'est-ce que les hivers au Québec offrent aux habitants?

9. Comment sont décrits les habitants du Québec dans le texte?

10. Qu'est-ce que les Québécois aiment célébrer?

———————

Réponses suggérées:

1. Le Québec se trouve au Canada.

2. Le Québec a des villes animées, des montagnes majestueuses, et de vastes forêts.

3. La langue principale parlée au Québec est le français.

4. Le Québec est unique au Canada parce que le français y est la langue principale.

5. Les Québécois sont connus pour leur culture riche, leurs festivals colorés, et leur délicieuse cuisine.

6. La spécialité québécoise mentionnée dans le texte est la poutine.

7. Le plat de poutine est décrit comme délicieux, fait avec des frites, du fromage, et de la sauce.

8. Les hivers au Québec offrent beaucoup de neige, permettant de faire du ski et de construire des bonshommes de neige.

9. Les habitants du Québec sont décrits comme chaleureux et accueillants.

10. Les Québécois aiment célébrer leur histoire et leurs traditions.

Discovering Quebec

Quebec is a special province in Canada. It's a beautiful place with lively cities, majestic mountains, and vast forests. The main language spoken in Quebec is French, which makes it unique in Canada. Quebecers are known for their rich culture, colorful festivals, and delicious cuisine. Poutine, a Quebec specialty, is a tasty dish made with fries, cheese, and sauce. Winters in Quebec are cold, but it also means there's a lot of snow, perfect for skiing and building snowmen. The people of Quebec are warm and welcoming, and they love celebrating their history and traditions.

Comprehension Questions:

1. Where is Quebec located?

2. What are some features of Quebec?

3. What is the main language spoken in Quebec?

4. Why is Quebec unique in Canada?

5. What are Quebecers known for?

6. What is the mentioned Quebec specialty in the text?

7. How is the dish poutine described?

8. What do winters in Quebec offer to residents?

9. How are the people of Quebec described in the text?

10. What do Quebecers love to celebrate?

Suggested Answers:

1. Quebec is located in Canada.

2. Quebec has lively cities, majestic mountains, and vast forests.

3. The main language spoken in Quebec is French.

4. Quebec is unique in Canada because French is the main language.

5. Quebecers are known for their rich culture, colorful festivals, and delicious cuisine.

6. The mentioned Quebec specialty in the text is poutine.

7. The dish poutine is described as tasty, made with fries, cheese, and sauce.

8. Winters in Quebec offer a lot of snow, perfect for skiing and building snowmen.

9. The people of Quebec are described as warm and welcoming.

10. Quebecers love to celebrate their history and traditions.

La Discussion Sportive entre Amis

Lucie, Pierre, Emma, et Hugo sont quatre amis qui adorent parler de leurs sports préférés. Lucie dit, "J'adore le football! Courir sur le terrain et marquer des buts me rend heureuse." Pierre, avec un grand sourire, répond, "Moi, c'est le basketball. Sauter et essayer de marquer un panier, c'est génial!" Emma dit, "Moi, je préfère la natation. Nager dans l'eau me donne une sensation de liberté." Enfin, Hugo mentionne, "Mon sport préféré, c'est le tennis. Frapper la balle et jouer en équipe, c'est super amusant!" Les quatre amis rient et se promettent de jouer ensemble le week-end.

Questions de compréhension:

1. Qui sont les quatre amis dans l'histoire?

2. Quel sport Lucie aime-t-elle?

3. Qu'est-ce qui rend Lucie heureuse dans son sport?

4. Quel sport Pierre préfère-t-il?

5. Pourquoi Pierre trouve-t-il le basketball génial?

6. Quel sport Emma préfère-t-elle?

7. Quelle sensation la natation donne-t-elle à Emma?

8. Quel est le sport préféré d'Hugo?

9. Pourquoi Hugo trouve-t-il le tennis super amusant ?

10. Que se promettent de faire les quatre amis le week-end ?

Réponses suggérées:

1. Les quatre amis dans l'histoire sont Lucie, Pierre, Emma, et Hugo.

2. Lucie aime le football.

3. Courir sur le terrain et marquer des buts rend Lucie heureuse dans son sport.

4. Pierre préfère le basketball.

5. Pierre trouve le basketball génial parce qu'il peut sauter et essayer de marquer un panier.

6. Emma préfère la natation.

7. La natation donne à Emma une sensation de liberté.

8. Le sport préféré d'Hugo est le tennis.

9. Hugo trouve le tennis super amusant parce qu'il peut frapper la balle et jouer en équipe.

10. Les quatre amis se promettent de jouer ensemble le week-end.

Sports Chat Among Friends

Lucie, Pierre, Emma, and Hugo are four friends who love talking about their favorite sports. Lucie says, "I love soccer! Running on the field and scoring goals makes me happy." Pierre, with a big smile, replies, "For me, it's basketball. Jumping and trying to score a basket is awesome!" Emma says, "I prefer swimming. Swimming in the water gives me a feeling of freedom." Finally, Hugo mentions, "My favorite sport is tennis. Hitting the ball and playing as a team is super fun!" The four friends laugh and promise to play together over the weekend.

Comprehension Questions:

1. Who are the four friends in the story?

2. What sport does Lucie like?

3. What makes Lucie happy in her sport?

4. What sport does Pierre prefer?

5. Why does Pierre find basketball awesome?

6. What sport does Emma prefer?

7. What feeling does swimming give Emma?

8. What is Hugo's favorite sport?

9. Why does Hugo find tennis super fun?

10. What do the four friends promise to do over the weekend?

Suggested Answers:

1. The four friends in the story are Lucie, Pierre, Emma, and Hugo.

2. Lucie likes soccer.

3. Running on the field and scoring goals makes Lucie happy in her sport.

4. Pierre prefers basketball.

5. Pierre finds basketball awesome because he can jump and try to score a basket.

6. Emma prefers swimming.

7. Swimming gives Emma a feeling of freedom.

8. Hugo's favorite sport is tennis.

9. Hugo finds tennis super fun because he can hit the ball and play as a team.

10. The four friends promise to play together over the weekend.

Les Délices du Petit Déjeuner

Le petit déjeuner, c'est le repas le plus important de la journée! Il existe de nombreuses options délicieuses pour bien commencer la journée. Certains aiment manger des céréales avec du lait, d'autres préfèrent des tartines de confiture ou de miel sur du pain grillé. Il y a aussi ceux qui aiment les croissants au beurre ou les pains au chocolat. Ne pas oublier les fruits frais comme les fraises, les bananes, ou les pommes pour une touche de fraîcheur. Certains jours, un bon bol de yaourt avec des morceaux de granola est une option saine et délicieuse. N'oublions pas une tasse de jus d'orange ou de lait pour accompagner ces délices. Quoi que vous choisissiez, l'essentiel est de commencer la journée avec un petit déjeuner équilibré et délicieux!

Questions de compréhension:

1. Quel repas est considéré comme le plus important de la journée?

2. Quelles sont quelques options délicieuses pour le petit déjeuner mentionnées dans le texte?

3. Qu'est-ce que certains aiment manger avec des céréales?

4. Que préfèrent certains sur leur pain grillé?

5. Quels sont les exemples de fruits frais mentionnés?

6. Quelle est l'option saine et délicieuse mentionnée dans le texte?

7. Quels liquides peuvent accompagner le petit déjeuner selon le texte?

8. Pourquoi est-il important de commencer la journée avec un petit déjeuner équilibré?

9. Que peut-on mettre sur des croissants au beurre ou des pains au chocolat?

10. Quelle est la principale idée du texte?

Réponses suggérées:

1. Le petit déjeuner est considéré comme le repas le plus important de la journée.

2. Quelques options délicieuses pour le petit déjeuner mentionnées dans le texte sont les céréales, le pain grillé, les croissants, les pains au chocolat, les fruits frais, le yaourt avec du granola, le jus d'orange, et le lait.

3. Certains aiment manger des céréales avec du lait.

4. Certains préfèrent des tartines de confiture ou de miel sur leur pain grillé.

5. Les exemples de fruits frais mentionnés sont les fraises, les bananes, et les pommes.

6. L'option saine et délicieuse mentionnée dans le texte est un bol de yaourt avec des morceaux de granola.

7. Les liquides qui peuvent accompagner le petit déjeuner selon le texte sont le jus d'orange et le lait.

8. Il est important de commencer la journée avec un petit déjeuner équilibré pour bien démarrer la journée.

9. On peut mettre de la confiture ou du miel sur des croissants au beurre ou des pains au chocolat.

10. La principale idée du texte est que le petit déjeuner est le repas le plus important de la journée, et il existe de nombreuses options délicieuses pour bien commencer la journée.

Breakfast Delights

Breakfast is the most important meal of the day! There are many delicious options to start the day right. Some like to eat cereal with milk, others prefer toast with jam or honey. There are also those who enjoy buttery croissants or chocolate-filled pastries. Let's not forget fresh fruits like strawberries, bananas, or apples for a touch of freshness. Some days, a good bowl of yogurt with granola pieces is a healthy and delicious choice. Don't forget a cup of orange juice or milk to accompany these delights. Whatever you choose, the essential thing is to start the day with a balanced and tasty breakfast!

Comprehension Questions:

1. Which meal is considered the most important of the day?

2. What are some delicious breakfast options mentioned in the text?

3. What do some people like to eat with their cereal?

4. What do some prefer on their toast?

5. What are examples of fresh fruits mentioned?

6. What is the healthy and delicious option mentioned in the text?

7. What liquids can accompany breakfast according to the text?

8. Why is it important to start the day with a balanced breakfast?

9. What can be put on buttery croissants or chocolate-filled pastries?

10. What is the main idea of the text?

———————————————

Suggested Answers:

1. Breakfast is considered the most important meal of the day.

2. Some delicious breakfast options mentioned in the text are cereal, toast, croissants, chocolate-filled pastries, fresh fruits, yogurt with granola, orange juice, and milk.

3. Some like to eat cereal with milk.

4. Some prefer toast with jam or honey.

5. Examples of fresh fruits mentioned are strawberries, bananas, and apples.

6. The healthy and delicious option mentioned in the text is a bowl of yogurt with granola pieces.

7. The liquids that can accompany breakfast according to the text are orange juice and milk.

8. It is important to start the day with a balanced breakfast to kickstart the day.

9. Butter, jam, or honey can be put on buttery croissants or chocolate-filled pastries.

10. The main idea of the text is that breakfast is the most important meal of the day, and there are many delicious options to start the day right.

Les Voitures Électriques en France

Les voitures électriques sont de plus en plus populaires en France. Elles fonctionnent avec de l'électricité au lieu d'essence, ce qui les rend meilleures pour l'environnement. Beaucoup de gens aiment les voitures électriques parce qu'elles ne produisent pas de gaz d'échappement nocifs. En France, on peut trouver des bornes de recharge pour voitures électriques dans de nombreuses villes. Cela rend facile de recharger sa voiture, et beaucoup de gens choisissent d'adopter ce mode de transport plus propre. Les voitures électriques sont souvent silencieuses et économiques à utiliser. Certains modèles peuvent même parcourir de longues distances avec une seule charge. C'est une façon innovante de prendre soin de notre planète!

Questions de compréhension:

1. Qu'est-ce qui rend les voitures électriques populaires en France?

2. Comment les voitures électriques fonctionnent-elles?

3. Pourquoi beaucoup de gens aiment-ils les voitures électriques?

4. Où peut-on trouver des bornes de recharge pour voitures électriques en France?

5. Pourquoi est-il facile de recharger une voiture électrique en France?

6. Pourquoi les voitures électriques sont-elles considérées comme meilleures pour l'environnement?

7. Quel est l'avantage des voitures électriques en termes d'émissions?

8. Pourquoi certaines personnes choisissent-elles d'adopter des voitures électriques?

9. Quels sont les avantages des voitures électriques en termes de bruit?

10. Comment certaines voitures électriques peuvent-elles parcourir de longues distances?

Réponses suggérées:

1. Les voitures électriques sont populaires en France en raison de leur impact environnemental positif.

2. Les voitures électriques fonctionnent avec de l'électricité au lieu d'essence.

3. Beaucoup de gens aiment les voitures électriques car elles ne produisent pas de gaz d'échappement nocifs.

4. On peut trouver des bornes de recharge pour voitures électriques dans de nombreuses villes en France.

5. Il est facile de recharger une voiture électrique en France en utilisant les bornes de recharge disponibles.

6. Les voitures électriques sont considérées comme meilleures pour l'environnement car elles réduisent les émissions de gaz nocifs.

7. L'avantage des voitures électriques en termes d'émissions est qu'elles ne produisent pas de gaz d'échappement nocifs.

8. Certaines personnes choisissent d'adopter des voitures électriques pour contribuer à la protection de l'environnement.

9. Les voitures électriques sont souvent silencieuses, ce qui est un avantage en termes de bruit.

10. Certaines voitures électriques peuvent parcourir de longues distances avec une seule charge grâce à leur efficacité énergétique.

Electric Cars in France

Electric cars are becoming increasingly popular in France. They run on electricity instead of gasoline, making them better for the environment. Many people like electric cars because they don't produce harmful exhaust fumes. In France, you can find charging stations for electric cars in many cities, making it easy to recharge your car, and many people choose to adopt this cleaner mode of transportation. Electric cars are often quiet and economical to use. Some models can even cover long distances on a single charge. It's an innovative way to take care of our planet!

Comprehension Questions:

1. What makes electric cars popular in France?

2. How do electric cars work?

3. Why do many people like electric cars?

4. Where can you find charging stations for electric cars in France?

5. Why is it easy to recharge an electric car in France?

6. Why are electric cars considered better for the environment?

7. What is the advantage of electric cars in terms of emissions?

8. Why do some people choose to adopt electric cars?

9. What are the advantages of electric cars in terms of noise?

10. How can some electric cars cover long distances?

Suggested Answers:

1. Electric cars are popular in France due to their positive environmental impact.

2. Electric cars work by using electricity instead of gasoline.

3. Many people like electric cars because they don't produce harmful exhaust fumes.

4. Charging stations for electric cars can be found in many cities in France.

5. It is easy to recharge an electric car in France using available charging stations.

6. Electric cars are considered better for the environment because they reduce emissions of harmful gases.

7. The advantage of electric cars in terms of emissions is that they don't produce harmful exhaust fumes.

8. Some people choose to adopt electric cars to contribute to environmental protection.

9. Electric cars are often quiet, which is an advantage in terms of noise.

10. Some electric cars can cover long distances with a single charge due to their energy efficiency.